D1686876

ISBN 3-927132-35-7
© FLUGZEUG Publikations GmbH
Gestaltung und Druck: TUSSA Druck GmbH, 89257 Illertissen

Peter Blume

US-ARMY

1945-1995

„VON DER BESATZUNGSTRUPPE ZUR VERBÜNDETEN ARMEE"

50 JAHRE US ARMY IN DEUTSCHLAND

1945 bis 1995

Band 2

FLUGZEUG Publikations GmbH

89257 ILLERTISSEN

INHALTSVERZEICHNIS

Vorwort

US ARMY Berlin

56. Feldartilleriebrigade

32. Luftverteidigungskommando

Armored Cavalry Regimenter
Army Aviation - Heeresflieger
Gliederung der Großverbände

Verbandsabzeichen

VORWORT

Die ersten Bücher der Reihe „FAHRZEUG Dokumentation" stellen den Versuch dar, in zwei Bänden die wechselvolle Geschichte des amerikanischen Heeres in Deutschland von 1945 bis heute zu dokumentieren.

Der erste Band beginnt mit der Beschreibung der letzten Kämpfe im Frühjahr 1945 zur Eroberung Deutschlands sowie der damals eingesetzten, wichtigsten Kampffahrzeuge. Die US ARMY wird ebenso als Besatzungstruppe beschrieben wie die Aufstellung der ersten Verbände nach Gründung der NATO.

Weitere Entwicklungen beim Aufbau der amerikanischen NATO-Verbände bis hin zur Division bzw. Korps '86 finden Erwähnung. Im ersten Band wird die geschichtliche Entwicklung der US ARMY in Deutschland bis zum Golfkrieg dargestellt.

Die später erscheinenden Bände beschreiben ausführlich den Truppenabbau, die wichtigsten Einheiten und Waffengattungen, den Übungsalltag und die US ARMY heute bis zum Bosnieneinsatz im Rahmen der NATO. Umfangreiches, bisher nicht veröffentlichtes, Bildmaterial ergänzt den Text.

Der Schwerpunkt der Bücher liegt bei der Vorstellung der auf deutschem Boden eingesetzten Großverbände, deren Gliederung und der eingesetzten Fahrzeuge.

Die Masse der Fotos ist beim Einsatz der Kampf und Unterstützungsfahrzeuge, bei Übungen und Manövern entstanden.

Die Bücher richten sich an militärgeschichtlich interessierte Leser wie auch an Modellbauer und Sammler von Militärfahrzeugen.

Die Arbeiten für den ersten Band wurden vom Verfasser Ende 1995 abgeschlossen.

US ARMY Berlin

Aufgrund des besonderen Status und der exponierten Lage Berlins nach dem 2. Weltkrieg spielte die US ARMY in der ehemaligen Reichshauptstadt immer eine besondere Rolle.

Zunächst als Besatzungsmacht und Militärregierung, dann jedoch, wegen der schnell nach dem Krieg entstandenen Konfrontation zwischen den ehemaligen Siegermächten USA und UDSSR, entwickelten sich die in Berlin stationierten US-Truppen zur Schutzmacht für Berlin, die in verschiedenen Krisenlagen innerhalb der letzten Jahrzehnte die Freiheit für die Stadt garantierten sowie stets für den freien Zugang eintraten. Daher bestand zwischen der Berliner Bevölkerung und „ihren" US-Soldaten ein besonders herzliches Verhältnis und viele Berliner nahmen anläßlich des Truppenabzuges im Jahres 1994 mit Wehmut Abschied von der US ARMY Berlin Brigade.

Die Geschichte der US ARMY in Berlin begann am 4. Juli 1945 mit dem Einzug der 2. Panzerdivision als Besatzungstruppe, die im Laufe der nächsten acht Monate von der 82. Luftlandedivision bzw. der 78. Infanteriedivision abgelöst wurde.

Das in Berlin stationierte Truppenkontingent wurde bis zum Ende der Berlin-Blockade im Jahre 1949 als „Berlin Military Post" bezeichnet. Die sich anschließende Bezeichnung lautete „Berlin Command and the US ARMY Garrision".

Die US-Truppen bzw. die US-Militärregierung besetzten neben der UDSSR, England und Frankreich einen Sektor von Berlin und übernahmen die Verwaltung. Die UDSSR, die ganz Berlin 1945 nach heftigen und verlustreichen Kämpfen erobert hatte, gestattete die Besetzung durch die westlichen Alliierten, da diese sich aus den Gebieten östlich der Elbe, die als sowjetische Besatzungszone bestimmt waren, zurückzogen. Eine der am weitesten nach Osten vorgestoßenen, amerikanischen Division war die 7. Panzerdivision, die bis Ludwigslust an der nördlichen Autobahn bei Berlin gekommen war. Der Rückzug dieser Truppen war der Preis dafür, daß die westlichen Alliierten Teile von Berlin als Besatzungszonen erhielten.

Am 4. Juli 1945 übernahm Generalmajor Floyd L. Parks als erster amerikanischer Stadtkommandant von Berlin mit Teilen der 2. Panzerdivision den amerikanischen Sektor von den Sowjets. Der amerikanische Sektor umfaßte hauptsächlich die südwestlichen Stadtteile von Berlin. Quartier bezogen die US-Truppen auf dem ehemaligen Firmengelände von Telefunken, daß nun McNair Kaserne hieß. Bereits am 9. August 1945 löste die 82. Luftlandedivision die 2. Panzerdivision als Besatzungstruppe ab. Ihr Kommandeur, Generalmajor James Gavin wurde der zweite US-Stadtkommandant, der seinen Dienst in Berlin antrat.

Berlin wurde in den nächsten Monaten gemäß dem Beschluß der Konferenz von Jalta von den Siegermächten des 2. Weltkrieges kontrolliert und verwaltet. Oberstes Kontrollgremium war der alliierte Kontrollrat, der erstmals am 30. Juli 1945 zusammentrat.

Schon Ende 1945 kam es zu ersten Differenzen zwischen den westlichen Alliierten und den Sowjets im Alliierten Kontrollrat. Die Sowjets machten bei den Sitzungen des Kontrollrates immer häufiger von ihrem Veto-Recht Gebrauch.

Am 20. Oktober 1946 fanden in Berlin die ersten Nachkriegswahlen statt. Als Sieger ging die SPD und die CDU hervor, die eine solide antikommunistische Mehrheit bildeten. Dies führte zu weiteren Spannungen mit den Sowjets. Ende 1947 kam es zum Stillstand in der Viermächte-Verwaltung von Berlin. Im März 1948 verhängten die Sowjets starke Beschränkungen für den zivilen Verkehr zwischen der Sowjetzone und Berlin. Am 20. März verließ Marschall Sokolovsky, der sowjetische Militärgouverneur, den Alliierten Kontrollrat mit dem Vorwurf, die Westmächte machten eine Viermächte-Verwaltung Deutschlands unmöglich. Ende März 1948 beanspruchten die Sowjets das Recht, den Verkehr der Westalliierten in und außerhalb Berlins zu kontrollieren, erließen Beschränkungen für den Straßen- und Schienenverkehr von und nach Berlin und untersagten jegliche Paketpostauslieferung.

Die Berlin-Blockade begann am 1. April 1948, als die Sowjets jeglichen Verkehr von und nach Berlin unterbrachen. Dies war ein klarer Verstoß gegen die Viermächte-Vereinbarungen und es kam zu einem absoluten Tiefststand der Beziehungen zwischen den USA, Großbritannien und Frankreich einerseits und der Sowjetunion andererseits.

Um die Versorgung Berlins sicherzustellen, begannen die Westmächte Berlin aus der Luft zu versorgen. Es sollte die größte und längste Luftbrücke der Geschichte werden. Erst am 12. Mai 1949 hoben die Sowjets die Blockade auf. Während der Blockadezeit kam es zu einem neuen Verhältnis zwischen den Berlinern und ihren „Besatzungstruppen". Die Berliner Bevölkerung hat bis zum heutigen Tag diese Luftbrücke, die ihre Versorgung sicherstellte und ihre Freiheit bewahrte, nicht vergessen. Aus Besatzungstruppen waren Freunde geworden!

Die US-Truppen in Berlin waren seit 1946 erheblich reduziert worden. Von der 78. Infanteriedivision war nur noch das 3rd Battalion / l6th Infantry vorhanden. Die l6th Constabulary Squadron und das 759th Military Police Battalion nahmen in der Stadt Sicherungsaufgaben wahr.

Nach dem 1949 die Bundesrepublik Deutschland gegründet wurde und die alliierten Militärregierungen in den Westzonen durch jeweils einen alliierten Hochkommissar für Deutschland abgelöst wurde, unterstanden die US-Truppen in Berlin direkt dem US-Hauptquartier für Europa (USAREUR). Gleichzeitig wurde der Auftrag im Frühjahr 1950 neu definiert. Abschreckung einer Aggression, Aufrechterhaltung der öffentlichen Sicherheit und Verteidigung der Stadt.

Für diesen Auftrag kam im Oktober 1950 das 6. Infanterieregiment mit seinen drei Bataillonen nach Berlin. Das Regiment wurde 1958 durch eine Panzerkompanie (F-Company, 40th Armor) mit drei Zügen verstärkt, so daß das 6. Infanterieregiment Kampfgruppen bilden konnte.

In der Nacht vom 12. auf Sonntag, den 13. August 1961, eine Stunde nach Mitternacht, blockierten bewaffnete Einheiten der Nationalen Volksarmee, der DDR-Polizei und verschiedener Betriebskampfgruppen die insgesamt 80 Straßenverbindungen zwischen dem sowjetischen Sektor Berlins und den drei Westsektoren. Gleichzeitig wurde der U- und S- Bahnverkehr, der die beiden Teile der Stadt miteinander verband, eingestellt. In den folgenden Stunden wurde die gesamte, 46 Kilometer lange Sektorengrenze mit Stacheldraht abgesperrt.

Der Verkehr von Ost nach West kam faktisch zum Erliegen. Ab 18. August 1961 wurden die Drahtsperren durch einen Mauerbau ersetzt.

Den westlichen Alliierten und somit der US ARMY in Berlin kam es nun darauf an, jegliche Konfrontation mit dem Osten zu verhindern, die schnell eskalieren und zu einer militärischen Auseinandersetzung zwischen den Großmächten mit unabsehbaren Folgen für die ganze Welt hätte führen können.

Der Mauerbau war nämlich keineswegs der Beginn, sondern das vorläufige Ende und der Höhepunkt einer Berlin-Krise, die im November 1958 mit dem Chruschtschow-Ultimatum begonnen hatte. Der sowjetische Staatschef forderte damals die Westmächte zum Abzug auf, um West-Berlin in eine entmilitarisierte Freie Stadt verwandeln zu können, die sicher kurz oder lang in die DDR einbezogen worden wäre.

Durch entschlossenes Handeln der Westmächte konnte jedoch diese Gefahr gebannt werden.

Jedes Mal, wenn der freie Zugang der Westmächte durch östliche Blockademaßnahmen tangiert war, kam es zu militärischen Einsätzen der US ARMY an der Sektorengrenze.

Im Oktober 1961 kam es am Checkpoint Charly, dem alliierten Grenzübergang nach Ost-Berlin in der Friedrichstraße, zu einer bedrohlichen militärischen Konfrontation zwischen der US ARMY und den sowjetischen Streitkräften, da DDR-Grenzpolizisten dem amerikanischen Gesandten in Berlin, die Durchfahrt verweigerten. Dies war ein klarer Verstoß gegen alliierte Vereinbarungen, nach denen sowohl zivile und auch militärische Angehörige aller vier Besatzungsmächte die Sektorengrenze unkontrolliert passieren durften.

Amerikanische Kampfpanzer M48A1, Schützenpanzer M59 und sowjetische T54 standen sich gefechtsmäßig gegenüber. Die US ARMY behielt jedoch die Nerven und konnte durch Verhandlungen den freien Zugang für die Westmächte sicherstellen.

Kurz nach dem Mauerbau, am 20. August 1961, verstärkte die US ARMY ihre Garnison durch eine Kampfgruppe der 8. Infanteriedivision, die aus 1.500 Mann bestand (1st Battle Group, 18th Infantry).

Diese vorübergehende Verstärkungskräfte, die rotationsweise nach einigen Monaten durch andere Truppenteile der 7. US Armee aus der Bundesrepublik ausgetauscht wurden, demonstrierten den Willen der amerikanischen Regierung, die Freiheit Berlins jederzeit zu verteidigen.

Am 1. Dezember 1961 wurden die US-Truppen in Berlin umorganisiert. Aus dem „Berlin Command" entstand die „US ARMY Berlin Brigade".

Im folgenden Jahr verstärkte eine Artilleriebatterie (Battery C, 94th Artillery) die Berlin Brigade. Die Batterie war zunächst mit Panzerhaubitzen 105mm vom Typ M 52 ausgerüstet, die später durch Panzerhaubitzen M 108 abgelöst wurden.

Die Panzerkompanie der Brigade, bestehend aus sechs Zügen mit insgesamt 32 Kampfpanzern, erhielt 1963 Kampfpanzer M 60A1 und war infolge ihrer Stärke die größte Panzerkompanie der US ARMY.

Die US Berlin Brigade bestand in den sechziger Jahren aus
- Brigadestabskompanie
- Heeresfliegerzug
- Militärpolizeikompanie
- Pionierkompanie
- Panzerkompanie
- Artilleriebatterie
- 3 Infanteriebataillone

Ab 1. Oktober 1971 folgten erneut Umgliederungsmaßnahmen. Die selbständige Panzerkompanie (Company F, 40th Armor) wurde dem 3rd Battalion, 6th Infantry unterstellt und bildete eine Bataillonskampfgruppe. Eine weitere Kampfgruppe entstand aus dem 2nd Battalion, 6th Infantry und der Battery C, 94th Field Artillery, die inzwischen auf Panzerhaubitzen 155mm M 109 A1 umgerüstet hatte. Die dritte Bataillonskampfgruppe entstand aus der Pionierkompanie (42nd Engineer Company) und dem 4th Battalion, 6th Infantry.

Ein besonderer Wechsel in der Geschichte der US Army Berlin Brigade war die Umbenennung der Infanteriebataillone im Juni 1984.

Es entstanden aus

2nd Bn, 6th Infantry	-	4th Bn, 502nd Infantry
3rd Bn, 6th Infantry	-	5th Bn, 502nd Infantry
4th Bn, 6th Infantry	-	6th Bn, 502nd Infantry

Die Bataillone waren bis 1994 mit dem Schützenpanzer M 113 ausgerüstet.

1986, im Oktober, gliederte die Battery C, 94th Field Artillery um und wurde umbenannt in Battery E, 320th Field Artillery. Die Panzerhaubitzen M 109 wurden durch gezogene Feldhaubitzen 105mm M 102 ersetzt.

Bereits 1979 war innerhalb der Berlin Brigade ein viertes Bataillon, ein Combat Support Battalion, aufgestellt worden, in dem alle Kampfunterstützungseinheiten zusammengefaßt waren.

1990 erfolgte eine weitere Umgliederung. Aus der Panzerkompanie entstand das Panzerbataillon - 6th Battalion, 40th Armor -, das mit Kampfpanzer M1 „Abrams" ausgestattet wurde.

Nach der Wiedervereinigung Deutschlands und dem Fall der Berliner Mauer änderte sich auch die Situation der US ARMY in Berlin gravierend.

Die Berliner Nachkriegsgeschichte ist zu Ende, die Präsenz und der Schutz der Westmächte ist nicht mehr erforderlich. Die Ideen und Werte, für die sich die Alliierten in Berlin jahrzehntelang eingesetzt hatten, kommen nun allen Deutschen zugute!

1991 verließ bereits das erste US-Bataillon - 4th Battalion, 502nd Infantry - Berlin.

Nach dem die russischen Streitkräfte 1994 Deutschland geräumt hatten, verließ auch die US ARMY Berlin. Die Berliner Bevölkerung verabschiedete „ihre" US Berlin Brigade sowie die anderen Schutzmächte mit einer großen feierlichen Parade sowie dem „Großen Zapfenstreich" durch die Bundeswehr.

Die US ARMY Berlin Brigade ist aufgelöst und ein besonderes Kapitel in der Geschichte der US ARMY in Deutschland ist zu Ende!

Einmarsch der US ARMY in Berlin am 4. Juli 1945 - Kampfpanzer M 4 A 3 E 8 der 2. Panzerdivision.

Berliner Jugend umringt einen Panzerspähwagen vom Typ M 8 „Greyhound" der Constabulary im Jahre 1948.

Für Patrouillenfahrten und Sicherungsaufgaben setzte die US ARMY als Besatzungsmacht in Berlin Spähwagen vom Typ M 8 ein.

Die US-Berlin Brigade besaß ein M 3 A 1 Aufklärungsfahrzeug aus den ersten Nachkriegsjahren als Museumsstück. Das Fahrzeug wurde fahrbereit gehalten und nahm an den jährlichen Paraden teil.

Am 12. November 1952 treffen die ersten Kampfpanzer vom Typ M 47 „Patton" mit der Bahn in Berlin ein.

Parade des 6. Infanterieregimentes am 16.10.1953 auf dem Flughafen Berlin-Tempelhof. Zu sehen sind Kampfpanzer M 47 in Paradeformation.

M 59 und M 48 A1 an der Sektorengrenze am 13.8.1961.

Schützenpanzer M 59 sichern die Sektorengrenze in der Friedrichstraße am 27.10.1961.

Kampfpanzer M 48 A1 an der Grenze nach Ost-Berlin am 24. August 1961.

M 48 A1 sichern die Sektorengrenze an der Kochstraße.

Am Grenzübergang Kochstraße/Friedrichstraße - Checkpoint „Charlie" - kam es zu einem Zwischenfall am 30.8.1961 zwischen US-Truppen und der Volkspolizei der DDR. M 48 A1 und M 59 fuhren anschließend auf und sicherten den Grenzübergang.

Frühjahrsmanöver der US-Truppen in Berlin im April 1961. Schützenpanzer M 59 demonstrieren ihre Schwimmfähigkeit.

Jeep M 38 A1 mit 106 mm Leichtgeschütz an der Sektorengrenze in der Charlottenstraße am 24.8.1961.

US-Soldaten mit Jeep M 38 A1 am 13.8.1961 an der Glienicker-Brücke.

Sicherungseinsatz an der Sektorengrenze mit M 48 A1.

Am 20.8.1961 treffen die ersten Verstärkungen für die Berliner US-Garnison ein. Die Bevölkerung empfängt sie begeistert.

Eine Kampfgruppe der 8. Infanteriedivision verstärkt nach dem Mauerbau im August 1961 die US-Truppen in Berlin.

Kampfpanzer vom Typ M 48 A1 in Bereitstellung in der Nähe des Grenzübergangs Friedrichstraße.

US-Kampftruppen treffen am 20.8.1961 mit Jeeps M 38 A1 und LKWs 2,5 t M 35 in Berlin ein.

Essensausgabe während eines Einsatzes an der Sektorengrenze im Bezirk Kreuzberg am 23. August 1961. Im Hintergrund ein LKW 0,75 t 4 x 4 M 37.

M 151 der Militärpolizei eskortiert eine LKW-Kolonne am 6. April 1964 am Kontrollpunkt Dreilinden.

US-Infanterie wird nach dem Mauerbau auf dem Kurfürstendamm von der Bevölkerung begeistert empfangen.

LKW 0,75 t 4 x 4 M 37 und Jeeps M 151 der Berlin Brigade (6. Infanterieregiment).

Patrouillenfahrt an der Mauer im Jahre 1980 mit einem Jeep M 151 A2 mit MG M 60.

M 151 in der Nähe des Kontrollpunktes Dreilinden am 4.9.1962.

Pioniere der Berlin Brigade mit einem LKW M 51.

Kampfpanzer M 60 A1 lösen am 22.8.1963 in Berlin die M 48 A1 ab. Im Hintergrund Panzerhaubitzen 105 mm M 52.

Panzerhaubitzen 105 mm M 108 bei einer Parade in Berlin-Neukölln am 9. Mai 1964.

M 60 A1 bei einer Parade am 4.7.1975 in Berlin vor den Mc Nair Barracks.

Panzerhaubitzen 155 mm M 109 A1 der 94th Field Artillery bei einer Parade 1975.

M 113 A1 des 3rd Bn 6th Infantry bei einer Parade anläßlich des Unabhängigkeitstages am 4.7.1977.

Panzereinheit mit Bergepanzer M 88 während einer Parade.

Auch die Pioniere der Berlin Brigade waren mit Pionierpanzern M 728 und Brückenlegepanzer M 60 AVLB ausgestattet.

US-Infanterie übt Häuserkampf im Bezirk Kreuzberg am 1.11.1978.

Motorwechsel an einem Kampfpanzer M 48 A1 mit Hilfe eines Kranwagens M 62.

Kommandowechsel bei der US Berlin-Brigade. Generalmajor Shachnow übergibt das Kommando an Brigadegeneral Yates am 14. August 1991.

Ein besonderes Ereignis für die US ARMY in Berlin - Der Generalispekteur der Bundeswehr, General Naumann, verleiht Fahnenbänder an die US ARMY Berlin am 18.März 1994.

Die Bundeswehr verleiht Fahnenbänder an die US ARMY in Berlin am 18.3.1994.

Einholung der Bataillonsfahne anläßlich der Verabschiedung.

Militärische Ehrenzeremonie anläßlich der Verabschiedung des 5th Battalion, 502nd Infantry aus Berlin am 22.4.1994.

Pionierpanzer M 728 der Berlin Brigade.

M 966 mit TOW-Waffenanlage der Berlin Brigade.

105 mm Haubitze M 102 in Feuerstellung.

Geschützführer der 320th Field Artillery Battery der Berlin Brigade vor seiner 105 mm Haubitze M 102.

Feuerleit-Gefechtsstand einer 105 mm Haubitzen-Batterie auf LKW 1,25 t.

M 998 als Zugfahrzeug für die 105 mm Haubitze M 102 320th Field Artillery Battery/Berlin Brigade.

Kampfpanzer M 60 A 3 während einer Parade in der Berliner Innenstadt.

Panzermörser 107 mm M 106 A 1 der US Berlin Brigade.

Soldat der Berlin Brigade im Kampfanzug während eines Artillerieschießens in Grafenwöhr.

56th Field Artillery Command

Das mit dem Waffensystem PERSHING ausgerüstete 56th Field Artillery Command wurde Anfang 1964 als 56th Field Artillery Group aufgestellt und der 7. Armee direkt unterstellt. Standort war Schwäbisch Gmünd.

Als erstes mit dem Lenkflugkörper MGM-31 PERSHING 1 ausgerüstetes Bataillon verlegte im April 1964 das 4th Bn, 41st Field Artillery (wurde im September 1972 in 1st Bn, 41st FA umbenannt) in die Bundesrepublik Deutschland und wurde der neu aufgestellten Field Artillery Group unterstellt. Zwei weitere PERSHING-Raketenartilleriebataillone folgten in den nächsten Monaten.

In den Anfangsjahren gliederten sich die Raketenartillerie-Bataillone der 56th Field Artillery Group wie folgt:

Stab mit Stabsbatterie
Versorgungsbatterie
4 schießende Batterien mit je einem Werfer

Flugkörper und Bodengerät wurden von Kettenfahrzeugen des Typs M 474 (13asis M 113) aus eingesetzt.

Ende der sechziger Jahre erhielt die 56th Field Artillery Group den zusätzlichen Auftrag der Sofortbereitschaft; das hieß; ständige Abdeckung von Festzielen hoher Bedeutung im Ostblock. Die Einsatzleitung lag beim Obersten Alliierten Befehlshaber Europa (SACEUR).

Als Folge des erweiterten Auftrages wurde zwischen 1969 und 1971 das Waffensystem PERSHING modifiziert, durch Umrüstung von Ketten- auf ausschließlich Radfahrzeuge (Basis M 656), wodurch der Einsatz wesentlich mobiler und reaktionsschneller wurde. Die Elektronik des Systems konnte ebenfalls modernisiert werden. Das Waffensystem erhielt die Bezeichnung „PERSHING 1A".

Im gleichen Zeitraum erfolgte auch die stufenweise Erhöhung der Anzahl der Werfer in der Gruppe von 12 auf 108. Diese Steigerung der Feuerkraft führte zu einer Umbenennung der Gruppe im März 1972 in 56th Field Artillery Brigade. Der Personalumfang steigerte sich auf 5500 Soldaten, so daß die Brigade eine der größten Artilleriebrigaden der US ARMY wurde. Sie gliederte sich nun wie folgt:

Stab und Stabsbatterie   (Schwäbisch Gmünd)
3 RakArt-Bataillone
- 1st Bn, 41st FA   (Schwäbisch Gmünd)
- 1st Bn, 81st FA   (Neu-Ulm)
- 3rd Bn, 84th FA   (Neckarsulm)

Sicherungsbataillon
- 2nd Bn, 4th Infantry   (Neu-Ulm)

Versorgungsbataillon
- 55th Maintenance Bn   (Neu-Ulm)

NCO-Academy
(Unteroffiziersschule)

Jedes der drei Raketenartillerie-Bataillone bestand aus einer Stabs- und Versorgungsbatterie und vier schießenden Batterien zu je drei Abschußzügen mit je drei Raketentransport- und Werferfahrzeugen.

Das unterstellte Sicherungsbataillon war für Begleit- und Sicherungsaufgaben für die einzelnen RakArt-Bataillone und deren Feuerstellungsräume zuständig.

Die Versorgungselemente der Brigade konnten in dem im Juli 1982 aufgestellten 55th Maintenance Battalion zusammengefaßt werden. Dem Bataillon unterstanden fünf Kompanien, ein Detachment (266 Chemical) und ein Material Management Center.

Eigene Heeresfliegerteile (56th FA Bde Aviation Section) mit Verbindungs- und Transporthubschraubern (UH-1 und OH-58) waren ebenfalls dem Versorgungs/Instandsetzungsbataillon unterstellt.

Im Rahmen der NATO-Nachrüstung bei den Mittelstreckenwaffen erhielt die 56th FA Brigade die wesentlich verbesserte PERSHING 2-Lenkrakete, die eine Reichweite von 1800 km hatte. Mit Einführung der PERSHING 2 wurde die Brigade 1984 zum Command. Dieses gliederte sich in:

Headquarter   (Schwäbisch Gmünd)

Aviation Company
(12 UH-1)

38th Signal Bn   (Schwäbisch Gmünd)
(Fernmeldeeinheit)

55th Maintenance Bn   (Neu-Ulm)

2nd Bn, 4th Infantry   (Neu-Ulm)
(Sicherungsaufgaben)

1st Bn, 9th Field Artillery   (Neu-Ulm)

2nd Bn, 9th Field Artillery   (Schwäbisch Gmünd)

4th Bn, 9th Field Artillery   (Heilbronn)

Die mit PERSHING-Lenkwaffen ausgerüsteten Einheiten waren über viele Jahre hinweg im NATO-Abschnitt Europa-Mitte die bodengestützte Komponente bei der Aufrechterhaltung der atomaren Abschreckung.

Im Zuge der Abrüstung von atomaren Mittelstreckenwaffen (INF-Vertrag) verpflichteten sich die USA 1988 unter anderem die PERSHING 2 aus der Bundesrepublik Deutschland abzuziehen und die Raketen in den USA zu vernichten.

Der Abzug begann 1989 / 1990 beim 4th Bn, 9th Field Artillery in Heilbronn. Das 56th Field Artillery Command konnte im Jahre 1991 endgültig aufgelöst werden.

Waffensystem „PERSHING 1 A" stellt Gefechtsbereitschaft her.

LKW 5t 8x8, Ford M 656 mit Tankbehälter. Diese Fahrzeuge wurden hauptsächlich von Pershing-Raketeneinheiten verwendet.

Zugmaschine MAN 10t 8 x 8 M 1001 für das Flugkörpersystem „PERSHING 2".

Abschlepp- und Bergefahrzeug MAN 8 x 8 M 1002 der 56. Feldartilleriebrigade.

32nd Army Air Defense Command (AADCOM)

Vorläufer des 32. Heeresluftverteidigungskommandos war die in den fünfziger Jahren in der Bundesrepublik Deutschland stationierte 32nd Artillery Brigade (Air Defense), die zunächst mit Flugabwehr-Rohrwaffen und später mit den Flugabwehrraketensystem NIKE-AJAX und NIKE-HERCULES ausgerüstet war.

Im Laufe des Jahres 1966 wurde das 32nd AADCOM mit mehreren Air Defense Groups aufgestellt, die am 1. Oktober 1982 in Air Defense Artillery Brigades umbenannt wurden.

An weiteren Waffensystemen zur Flugabwehr waren ab 1961 HAWK-Raketen, ab 1970 bei Tieffliegerabwehreinheiten das FlA-System CHAPARRAL sowie im Verlauf des Jahres 1972 improved HAWK eingeführt. Flugabwehrgeschütze VULCAN folgten später und bildeten mit den CHAPARRAL-Einheiten gemischte Bataillone.

Das 32. Heeresluftverteidigungskommando war für die Verteidigung des Luftraumes über dem südlichen Teil der Bundesrepublik verantwortlich und umfaßte sämtliche bodengestützte, nicht in den Kampfverbänden integrierte, Luftverteidigungseinheiten der US ARMY Europe (USAREUR).

Im Rahmen der integrierten NATO-Luftverteidigung Mitteleuropas war der Großteil der Flugabwehrkräfte des 32nd AADCOM in die Tiefe gestaffelt, in zwei weitgehend ortsfeste Raketengürtel, die parallel zur bundesdeutschen Ostgrenze verliefen. Ferner war das Kommando mit einigen Bataillonen für den Objektschutz einiger vorrangiger militärischer Einrichtungen (z.B. Flugplätze, Depots usw.) zuständig.

Das 32nd AADCOM wies 1983 folgende Gliederung auf:

- Stab und Stabsbatterie   Darmstadt

- l0th ADA Brigade   Darmstadt
    1st Bn, 1st ADA (IHAWK)
    2nd Bn, 2nd ADA (IHAWK)

- 69th ADA Brigade   Würzburg
    3rd Bn, 7th ADA (IHAWK)
    6th Bn, 52 ADA (IHAWK)
    2nd Bn, 57 ADA (IHAWK)
    3rd Bn, 60 ADA (IHAWK)

- 94th ADA Brigade   Kaiserslautern
    2nd Bn, 1st ADA (Nike Hercules)
    2nd Bn, 56th ADA (Nike Hercules)
    3rd Bn, 59th ADA (IHAWK)
    2nd Bn, 62nd ADA (IHAWK)
    3rd Bn, 71st ADA (Nike Hercules)

- 108th ADA Brigade   Kaiserslautern
    6th Bn, 56th ADA (Chap/Vulcan)
    2nd Bn, 60th ADA (Chap/Vulcan)
    2nd Bn, 67th ADA (Chap/Vulcan)

- 11th Air Defense Signal Battalion   Darmstadt

- 247th Chemical Detachment   Darmstadt

- 3rd Ordnance Battalion   Darmstadt
    4th Ordnance Company

Die 10. und 69. Brigade waren reine IHAWK-Verbände und zur mobilen Unterstützung des V. bzw. VII. US-Korps eingesetzt.

Ende September 1982 wurde von der l0th ADA Brigade eine dritte IHAWK-Einheit abgezogen (3rd Bn, 59th ADA), um für das Mitte 1983 erwartete erste PATRIOT-Bataillon Platz zu machen.

Mit Einführung des Waffensystems PATRIOT war bis Ende der achtziger Jahre eine grundlegende Umstrukturierung des 32nd Army Air Defense Artillery Command verbunden.

Das Kommando war einerseits weiterhin in den NATO-Luftverteidigungsgürtel eingebunden, andererseits wurden wichtige Air Force-Basen in Rheinland-Pfalz geschützt. Für seinen Auftrag standen dem Kommando ein Mix der Waffensysteme IHAWK, PATRIOT, VULCAN und CHAPARRAL zur Verfügung.

Folgende Einheiten standen dem Kommando bis zum Beginn des Golfkrieges 1990/91 zur Verfügung:

32nd Air Defense Artillery Command   Darmstadt

- 32nd Support Command   Worms

- 11th Signal Battalion   Darmstadt

- 10th ADA Brigade   Darmstadt
    2nd Bn, 43rd ADA (Patriot)   Hanau
    4th Bn, 43rd ADA (Patriot)   Giessen
    3rd Bn, 52nd ADA (IHAWK)   Wildflecken

- 69th ADA Brigade   Würzburg
    6th Bn, 43rd ADA (Patriot)   Ansbach
    8th Bn, 43rd ADA (Patriot)   Giebelstadt
    6th Bn, 52nd ADA (IHAWK)   Würzburg
    3rd Bn, 60th ADA (IHAWK)   Grafenwöhr

- 94th ADA Brigade   Kaiserslautern
    4th Bn, 1st ADA (IHAWK)   Neubrücke
    1st Bn, 7th ADA (Patriot)   Kaiserslautern
    3rd Bn, 44th ADA (Chap/Vulcan)   Ramstein

- 108th ADA Brigade   Kaiserslautern
    1st Bn, 1st ADA (IHAWK)   Spangdahlem
    4th Bn, 7th ADA (Patriot)   Dexheim
    5th Bn, 7th ADA (Patriot)   Bitburg
    5th Bn, 55th ADA (Chap/Vulcan)   Spangdahlem

Nach dem Einmarsch der irakischen Armee im Sommer 1990 in Kuwait verlegte ein Teil des 32nd AADCOM im Rahmen von DESERT SHIELD an den Golf. Weitere Bataillone verließen Deutschland im Zusammenhang mit der allgemeinen Reduzierung der US-Streitkräfte, so daß nur noch ein geringer Teil von Flugabwehreinheiten des 32nd AADCOM verblieben. So wurde z.B. das 5th Bn, 7th ADA mit dem Waffensystem PATRIOT von Bitburg nach Hanau verlegt, da das frühere Hanauer Bataillon immer noch zum Schutz von Kuwait eingesetzt ist.

Seit 1995 ist das 32. Heeresluftverteidigungskommando in Deutschland aufgelöst. Lediglich die 94. Flugabwehrbrigade in Kaiserslautern ist noch vorhanden. Die Brigade gliedert sich derzeit wie folgt:

94th Air Defense Brigade			Kaiserslautern

- 1st Bn, 7th ADA (Patriot)			Kaiserslautern
- 5th Bn, 7th ADA (Patriot)			Hanau
- 19th Maintenance Company		Hanau

LKW 2,5 t M 36 A 2 mit Startrampe für HAWK-Flugabwehrraketen.

LKW 2,5 t M 35 A 2 mit Zielbeleuchtungsradar einer HAWK-Batterie.

Zielerfassungsradargerät des HAWK-Flugabwehrraketensystems wird einsatzbereit gemacht.

HAWK-Flugabwehrraketen in Feuerstellung.

Startbereite HAWK-Flugabwehrraketen.

Selbstfahrlafette M 727 mit Drillings-Raketenstarter HAWK auf Ketten-LKW M 548.

LKW 2,5 t Langpritsche M 36 A 2 einer HAWK-Batterie.

Feuerleitgefechtsstand einer HAWK-Batterie auf LKW 2,5 t Langpritsche M 36 A 2.

Flugabwehrradar auf LKW 1,25 t 6 x 6 m 561 „Gama Goat. Der Anhänger ist vom Typ M 101 0,75 t.

LKW 1,25 t 6 x 6 M 561 „Gama Goat" mit Flugabwehrradar in Marschposition.

LKW 1,25 t 6 x 6 M 561 „Gama Goat" Zugfahrzeug für die Flugabwehrkanone 20 mm M 167 „Vulcan".

Fliegerabwehrlenkwaffensystem MIM-104 „PATRIOT". Die Zugmaschine ist ein M 983 von Oshkosh.

Startgerät M 901 des Fliegerabwehrlenkwaffensystems MIM-104 „PATRIOT". Einsatzschußweite 70 km.

Das System „PATRIOT" besitzt einen Vierfachstarter auf Sattelschlepperauflieger.

Multifunktionsradar AN/MPQ-53 des Systems zur Flugabwehr „PATRIOT".

Fernmelde-Antennenmasten des Systems „PATRIOT" auf einem LKW 6 x 6 M 813 A 1.

Werkstattwagen 2,5 t 6 x 6 M 109 des 32. Heeresflugabwehrkommandos.

ARMORED CAVALRY REGIMENTER

Die „Armored Cavalry Regimenter" der US ARMY stellen eine Besonderheit des US-Heeres dar. Es handelt sich um Panzeraufklärungsregimenter, die einer Armee oder einem Korps unterstellt sind und aufgrund ihrer Gliederung und Ausstattung bedingt zum selbständigen Gefecht geeignet sind. Sie können in der Verzögerung, zur Sicherung und für leichte Kampf- und Aufklärungseinsätze eingesetzt werden.

Im Jahre 1948 hatte ein Armored Cavalry Regiment folgende Gliederung:

Stab / Stabskompanie
3 Panzeraufklärungsbataillone
Versorgungskompanie
Sanitäts-Detachment

Fahrzeugausstattung

Stabskompanie
20 LKW 0,25 t („Jeeps")
4 LKW 0,75 t
8 LKW 2,5 t
3 leichte Pz M 24
11 gepanzerte Fahrzeuge
2 Aufklärungsflugzeuge

Panzeraufklärungsbataillon

95 LKW 0,25 t

8 LKW 0,75 t

14 LKW 2,5 t

23 M 24

17 M 4A3

6 M 26

27 M 8/M 20

1 Bergepanzer

9 Mörser 81 mm

2 Aufklärungsflugzeuge

Versorgungskompanie

6 LKW 0,25 t

5 LKW 0,75 t

69 LKW 2,5 t

3 LKW 6,0 t Kranwagen

5 Bergepanzer

5 leichte Panzerfahrzeuge

Sanitäts-Detachment

16 LKW 0,25 t

6 LKW 0,75 t Ambulance

4 LKW 0,75 t

ARMORED CAVALRY REGIMENT

Panzeraufklärungsregiment

Gliederung 1954

Auftrag: Als leichte gepanzerte Truppe (Kräfte), Sicherung, leichte Kampf- und
                 Aufklärungseinsätze

Unterstellung: Armeetruppe oder Korps

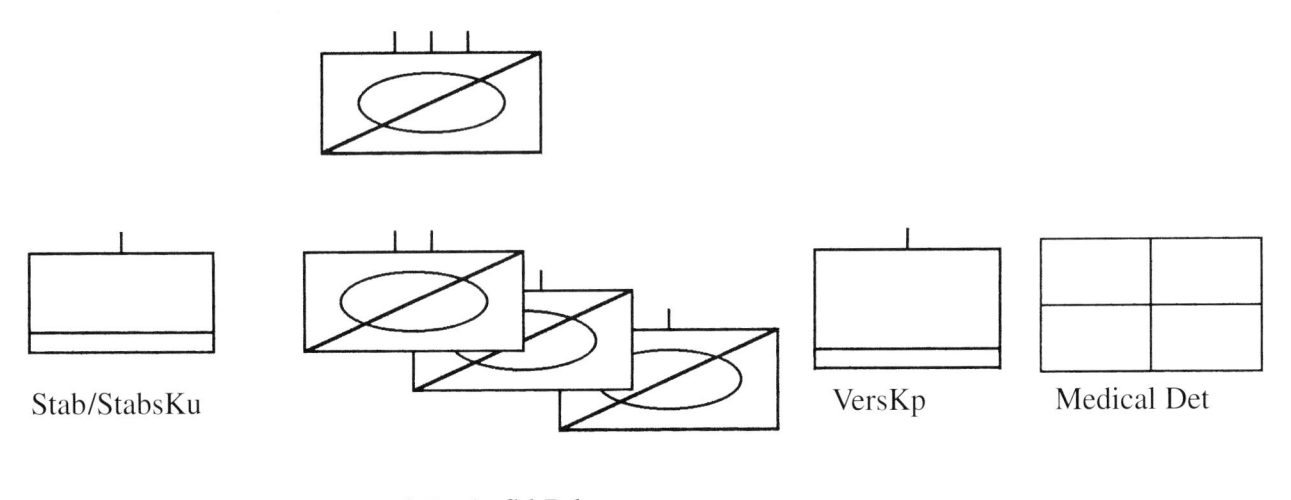

Stab/StabsKu   3 Pz Aufkl Btl   VersKp   Medical Det

Fahrzeugausstattung (Panzerfahrzeuge)

63 Aufklärungspanzer M 41

51 mittlere Kampfpanzer M 47

27 gepanzerte Mannschaftstransportwagen

42 gepanzerte Fahrzeuge

18 Panzerhaubitzen M 37 105mm

21 Panzermörser M 21

Durch die Einführung wesentlich verbesserter Aufklärungspanzer (M 41) sowie einheitlicher Kampfpanzer M 47 und einer Artilleriekomponente konnte die Kampfkraft wesentlich verstärkt werden.

ARMORED CAVALRY REGIMENT

Gliederung ab 1963

Stab / Stabs Kp
- Heeresfliegerzug (vier leichte Beobachtungshubschrauber, sechs Transporthubschrauber)

Luftaufklärungskompanie
- Kp Fü Grp (2 UH 1)
- Spähzug (1 Beob Hubschrauber, zwei Grp mit je 4 Beob Hubschraubern, schwere Grp mit 4 UH-1 mit PAL SS-11)

- Luftlandezug
  (1 UH-1, 4 Schützengruppen mit je 1 UH-1, schwere Grp mit 4 UH-1 bewaffnet mit ungelenkten Raketen 70 mm)
- Versorgungszug
  (1 UH-1)

3 Pz AufkI Btl
je BtI
Stab / Stabskompanie
(2 Beob Hubschrauber, 2 Transporthubschrauber)

3 Pz Aufkl Kp
(je 15 leichte Späh Pz M-114
  9 mittl Späh Pz
  3 M 113
  3 M 106)

Panzerkompanie
(17 Kpz)

Panzerhaubitzenbatterie
(6 M 109)

ARMORED CAVALRY REGIMENT

Gliederung ab 1983 / 84 (Corps '86)

Stab / Stabskompanie

Pionierkompanie

Kompanie für Elektronische Kampfführung

ABC-Abwehrkompanie

3 Armored Cavalry Squadrons

je
- Stab/Stabskompanie (2 M 1, 1 M 3)
- 3 Kompanien mit je 8 M 1, 12 M 3
- Panzerkompanie (14 M 1)

Kampfhubschrauberbataillon
- Stab / Stabskompanie (3 UH-1)
- 3 luftbewegliche Aufklärungskompanien
  (Air Cavalry Troops) mit je 6 OH-58 und 4 AH-1 „Cobra"
- 2 Kampfhubschrauberstaffeln mit je 4 OH-58 und 7 AH-1 „Cobra"
- Unterstützungsstaffel mit 15 UH-1

Panzerartilleriebataillon
3 Batterien zu 8 M 109 A2 / A3

Versorgungsbataillon
- Stab / Stabskompanie
- Nachschub / Transportkompanie
- Instandsetzungskompanie
- Sanitätskompanie

Im Verlauf der wechselvollen Geschichte der US ARMY in Deutschland waren verschiedene Panzeraufklärungsregimenter in Deutschland stationiert. Die Regimenter waren zunächst der 7. Armee direkt als Verfügungstruppen unterstellt. Später erhielt jedes in Deutschland stationierte Korps ein „Armored Cavalry Regiment".

V. Korps
11. Panzeraufklärungsregiment   Fulda

VII. Korps
2. Panzeraufklärungsregiment   Nürnberg

REFORGER-Truppe
3. Panzeraufklärungsregiment   Fort Sill

Zu den besonderen Aufgaben der Armored Cavalry Regimenter in Deutschland gehörte die Sicherung und Überwachung der Grenze zur DDR und CSSR. Zu diesem Zweck unterhielten die Regimenter an der Grenze zu den genannten Warschauer-Pakt-Staaten vorgeschobene Stützpunkte, in denen sich jeweils im Wechsel Teile der Regimenter mit einer besonderen Kampfbereitschaft aufhielten. Wie inzwischen bekannt geworden ist, kam es im Verlauf der Stationierungen an der Grenze zu Zwischenfällen mit Warschauer-Pakt-Truppen, bei denen unter anderem Kampfhubschrauber eingesetzt wurden und es auch zu Abschüssen gekommen sein soll.

11. Panzeraufklärungsregiment
11th Armored Cavalry Regiment („Black Horse")

Das 11. Cavalry Regiment wurde am 2. Februar 1901 in Fort Meyers, Virginia, aufgestellt. Im gleichen Jahr noch verlegte das Regiment auf die Phillipinen und es erlebte dort seinen ersten Kampfeinsatz gegenüber Aufständischen. 1904 kehrte das 11. Kavallerieregiment nach Des Moines, Iowa, zum Garnisonsdienst zurück. Es wurde dann später als Friedenstruppe auf Kuba eingesetzt. 1916 wurde das Regiment an die mexikanische Grenze als Teil der Pershing Expedition gegen Pancho Villa abgeordnet. Dort zeichnete es sich besonders aus. Am 5. Februar 1917 zog das Regiment aus Mexico ab und bezog anschließend Quartier in Kalifornien. Es blieb in Kalifornien bis Juli 1942 und wurde zum 11. Panzeraufklärungsregiment der 10. Panzerdivision umbenannt.

Während des 2. Weltkrieges war das Regiment als Panzerbataillon eingesetzt und betrat am 2. Oktober 1944 französischen Boden. Das Regiment kämpfte sich quer durch Frankreich und zeichnete sich in der Ardennenschlacht aus. An der späteren Besetzung Deutschlands im Frühjahr war das Regiment ebenfalls beteiligt.

Bis Ende 1948 waren alle Elemente des 11th Armored Cavalry Regiment ausgemustert. Das Regiment wurde am 1. August 1951 wieder aufgestellt und kam an Stelle des 6. Panzeraufklärungsregimentes im März 1957 an die deutsch-tschechische Grenze. Am 22. Juli 1964 verlegte das Regiment in die USA nach Fort Meade, Maryland, zurück. Das 11. Panzeraufklärungsregiment wurde im September 1966 nach Vietnam abberufen und diente dort hauptsächlich im Gebiet des 3. Korps um Saigon bis zum Waffenstillstand 1972.

Das Regiment kehrte 1972 nach Deutschland zurück und übernahm die Aufgaben des 14. Panzeraufklärungsregimentes in Fulda.

Mit Stellungen an der Front vertraut, erlebte das 11. Panzeraufklärungsregiment die bekannte Herausforderung, eine Vorhut der Armee der USA in Europa entlang der innerdeutschen Grenze zu sein.

Die einzelnen Schwadronen (Bataillone) waren in Fulda, Bad Hersfeld und Bad Kissingen stationiert.

Im Zuge der Truppenreduzierungen wurde das Regiment 1994 aufgelöst und die Waffen- und Fahrzeugausstattung kam an Bord von Schiffen, die vor europäischen Küsten kreuzen und im Falle einer Krise oder eines Krieges die Fahrzeuge zum entsprechenden Gebrauch anlanden können.

2. Panzeraufklärungsregiment
2nd Armored Cavalry Regiment

Das 2. Panzeraufkärungsregiment ist eine der traditionsreichsten Einheiten der amerikanischen Streitkräfte. Es ist das älteste Kavallerieregiment des Heeres, das seit seiner Gründung im Jahre 1836 ununterbrochen aktiv im Dienst steht.

Zu den zahlreichen Auszeichnungen des Regiments gehören: 53 Gefechtswimpel, 2 „Presidential Unit Citations" und das belgische „Croix de Guerre". 19 „Medal of Honor", die höchste amerikanische Tapferkeitsauszeichnung, wurden an Angehörige des Regiments verliehen.

Von Präsident Andrew Jackson am 23. Mai 1836 als 2. Dragonerregiment aufgestellt, wurde es im Kampf gegen die Seminolen in Florida eingesetzt. Da es sowohl für den Einsatz als Kavallerie wie auch als Infanterie ausgebildet war, lernte das Regiment in den Sümpfen von Florida die Infanterie-Seiten des Daseins kennen.

Im mexikanischen Krieg, 1846, nahmen die 2. Dragoner an jeder größeren Kampfhandlung teil, einschließlich der Schlacht von Resaca de la Palma. Im Verlauf dieser Schlacht wurde der amerikanische Vormarsch durch massierte mexikanische Artillerie aufgehalten. Hauptmann Charles A. May, der den Angriff führen sollte, gab die Losung aus: "Denkt an Euer Regiment ...folgt Euren Offizieren".

Während des Gefechtes nahm Cpt. May den mexikanischen Kommandeur Vega gefangen und verlor nur 6 Mann bei dem erfolgreichen Angriff. - Die Losung von Resaca de la Palma gilt noch heute für das Regiment.

Nach einer kurzen Zeit als Besatzung in Mexiko Stadt, war das Regiment bald wieder im „Westen", um Einwanderer in den neuen Territorien zu schützen und um in den eingerichteten Indianer-Reservationen zu patrouillieren. Die Feldzüge gegen die Apachen wurden wieder aufgenommen, bis das Regiment nach Osten beordert wurde, um im amerikanischen Bürgerkrieg zu kämpfen. Seinerzeit wurde sein Name in 2. US Kavallerie Regiment geändert.

Während des amerikanischen Bürgerkrieges war das Regiment Teil der 1. Kavallerie Division der Army of the Potomac, die in Virginia kämpfte. Das Regiment zeichnete sich unter anderem bei Antietam, Chacellorsville und bei Gettysburg aus.

Nach dem Bürgerkrieg kämpfte die 2. US Cavalry in den westlichen Territorien wieder gegen die Indianer.

1898, während des Spanisch-Amerikanischen Krieges kämpfte die 2. Kavallerie Seite an Seite mit Teddy Roosevelts „Rauh-Reitern" auf Cuba und wurde 1812 auf die Philippinen geschickt, um gegen die Moros zu kämpfen.

Nach der Rückkehr von den Philippinen, 1912, blieb die Einheit kurze Zeit in Amerika, ehe sie nach Europa geschickt wurde, um zu helfen, den „Krieg aller Kriege" zu beenden. Es war die einzige amerikanische Kavallerie-Einheit, die beritten blieb und beritten - auf französischen Bauernpferden - die Front erreichte, nachdem sie im April 1918 in Frankreich gelandet war.

Nach dem 1. Weltkrieg war das Regiment Ausbildungseinheit in Fort Riley als Teil der 2. Kavallerie-Division. Erst spät in den 30er Jahren tauschte das Regiment seine Pferde endgültig gegen leichte Panzer und Panzerspähwagen ein und erhielt 1942 den Namen „2. Mechanisierte Kavalleriegruppe".

Im 2. Weltkrieg hatte das Regiment seine erste Feindberührung nach der Landung am „Utah Beach" am 19. Juli 1944. Von da an war es bis Kriegsende die Vorhut von Pattons 3. Armee und wegen seiner großen Beweglichkeit und wegen seiner häufigen Operationen hinter den deutschen Frontlinien bald als „Gespenst von Pattons 3. Armee" bekannt und berüchtigt. Es war die US-Einheit, die am weitesten nach Osten bis in die CSSR vorrückte und dabei die Zuchtherden der Lipizzaner durch die russischen Linien nach Westen brachte.

Nach dem Krieg war das Regiment als „2. Gendarmerie-Regiment" Teil der Besatzungsarmee. 1948 schließlich, als das Regiment den Auftrag erhielt - Beobachtung und Schutz der Ostgrenzen - bekam es auch seinen jetzigen Namen: „2nd Armored Cavalry Regiment / 2. US Panzeraufklärungsregiment".

Nach Stationen in Freising (bis 1947) und Augsburg, wurde 1951 das Hauptquartier des Regiments nach Nürnberg und die Schwadronen (Bataillone) nach Bayreuth/Bindlach, Bamberg und Amberg verlegt. Als Auge der NATO wachte das Regiment über 731 km Grenze entlang des Eisernen Vorhangs zur CSSR und zur DDR.

1991 nahm das Regiment erfolgreich am Golfkrieg teil und kehrte danach mit seinen Soldaten wieder in seine deutschen Standorte zurück, bis es im Jahre 1992 in die USA zurückverlegt wurde.

Spähpanzer M 551 „Sheridan" des 11. Panzeraufklärungsregimentes während der Heeresübung „Schneller Wechsel" im September 1974.

M 113 ACAV des 11. Panzeraufklärungsregimentes mit besonderen Manövermarkierungen.

Spähpanzer M 551 „Sheridan".

Kampfpanzer M 60 A1 RISE des 3. Panzeraufklärungsregimentes während „Certain Fury".

Kampfpanzer M 60 A1 RISE der 3. Schwadron/11th Armored Cavalry Regiment während einer Herbstübung in Hessen.

Panzermörser M 106 des 11. Panzeraufklärungsregimentes während der Übung „Caravan Guard" im September 1989.

Geführt werden die Einheiten des 11. Panzeraufklärungsregimentes aus Gefechtsstandwagen vom Typ M 577.

M 1 A1 des 11. Panzeraufklärungsregimentes bei „Caravan Guard `89" im Westerwald.

M 1 A1 „Abrams" der 2. Schwadron/11. Panzeraufklärungsregiment.

M 1 A1 „Abrams" mit blauen Manövermarkierungen bei „Caravan Guard" im September 1989.

Kampfpanzer M 1 A 1 „Abrams" auf einer schmalen Landstraße im Westerwald.

Kampfpanzer M 1 A1 „Abrams" während eines Angriffs im Manöver „Caravan Guard". Man beachte das Fliegersichttuch.

Bergepanzer M 88 des 11. Panzeraufklärungsregimentes im September 1989.

Spähpanzer M 3 „Bradley" während der Übung „Centurion Shield `90".

Übung „Reforger `90/Centurion Shield" - Spähpanzer M 3 A 1 des 2. Panzeraufklärungsregimentes.

Manöver „Caravan Guard `89" im Westerwald, Spähpanzer M 3 „Bradley" des 11. Panzeraufklärungsregimentes.

Spähpanzer M 3 A 2 „Bradley" des 2. Panzeraufklärungsregimentes.

M 1038 „HUMMER" des Versorgungsbataillons des 11. Panzeraufklärungsregimentes. Man beachte die Manövermarkierungen sowie das Schild „Kolonne Anfang" in der Waffenfarbe der „Cavalry".

Spähpanzer M 3 A 1 „Bradley" des 11. Panzeraufklärungsregimentes während der Übung HERBSTSTURM der Pz Gren Brig 35.

M 3 A1 „Bradley". Man beachte die taktischen Zeichen und Markierungen am Heck des Spähpanzers.

ARMY AVIATION - Heeresflieger

Bereits während des 2. Weltkrieges setzte die US ARMY für Verbindungs- und Aufklärungsaufgaben leichte Flächenflugzeuge und zuletzt 1945 schon Hubschrauber über dem Gefechtsfeld ein. Insbesondere die Artillerie nutzte bereits die Aufklärungs- und Feuerleitungsmöglichkeiten aus der Luft.

Nach dem Ende des Krieges hatten die Divisionen, Korps und Armeen eigene leichte Fliegereinheiten, die mit Hubschraubern und leichten Flächenflugzeugen, wie z.B. der legendären Cessna 0-lE „Bird Dog" ausgerüstet waren.

In den fünfziger Jahren besaß jede US-Division, auch die in Deutschland, eine „Combat Aviation Company" mit 50 Flugzeugen und Hubschraubern. Zum gleichen Zeitpunkt waren bei der 7. US-Armee vier „Transport Aviation Battalion" vorhanden, die sich in

- drei leichte Kompanien mit je 20 Hubschrauber vom Typ H-34 „Choctaw"
- eine mittlere Kompanie mit 16 H-37 „Mojave"
- Tactical Transport Wing mit 16 UH-1A „Otter"
- Army Aviation Operating Detachment (Flugsicherung)

gliederten.

Die Artillerieverbände auf den verschiedenen Führungsebenen hatten zusätzliche eigene Fliegerkräfte, z.B. die Divisionsartillerie einen Artilleriefliegerzug mit zehn leichten Hubschraubern und 2 Flächenflugzeugen.

Die ab 1963 nach dem ROAD-System gegliederten und in Deutschland stationierten Divisionen hatten ein eigenes Heeresfliegerbataillon (Aviation Battalion), das sich wie folgt gliederte:

- Stab/Stabskompanie
- Lufttransportkompanie mit 3 Zügen mit je zwei Gruppen zu vier Hubschraubern vom Typ CH-34A oder UH-1D, zusammen 25 Hubschrauber und einen Versorgungszug

- Luftaufklärungskompanie mit einem Aufklärungszug mit 10 Hubschraubern OH-13H „Sioux" und sechs bewaffneten Hubschraubern von Typ UH-1B, einen Überwachungszug mit Auswertegruppe, Radargruppe mit 2 Leichtflugzeugen und Drohnengruppe sowie einen Versorgungszug.

In den Panzeraufklärungsbataillonen (Armored Cavalry Squadron) war je eine Luftaufklärungskompanie (Air Cavalry Troop) eingegliedert.

Weitere Hubschrauber waren z.B. in den Brigadestabskompanien für Verbindungsaufgaben (je 6 Hubschrauber) vorhanden

Anfang der siebziger Jahre wurden die Heeresfliegerbataillone auf Divisionsebene durch eine Heeresfliegerstaffel (Aviation General Support Company) abgelöst.

Auf Korps- bzw. Armeebene waren weitere Heeresfliegerbataillone eingesetzt, die z.T. neben Hubschraubern auch Flächenflugzeuge für Aufklärungsaufgaben einsetzten, z.B. OV-1 „Mohawk".

Im Laufe des Jahres 1973 erhielten das V. und VII. US-Korps in Deutschland je eine Panzerabwehr-Hubschrauberkompanie mit 21 Hubschraubern von Typ AH-1Q ,"Huey Cobra", die mit je sechs PALTOW ausgestattet waren.

Aufgrund der im Vietnam-Krieg mit Hubschraubern gemachten Erfahrungen erhielt auch in Europa bei der 7. US-Armee der Hubschrauber einen neuen Stellenwert. Neben den reinen Transportaufgaben wurde der Hubschrauber zunehmend für Kampfaufgaben herangezogen.

Zum Teil neu eingeführte Hubschraubertypen wie z.B. OH-58 „Kiowa", UH-1 „Iroquois", CH-47 „Chinook", AH-1 „Huey Cobra" sowie in den achtziger Jahren der UH-60 „Black Hawk" und der Kampfhubschrauber AH-64 „Apache" gaben den Heerestruppen bisher nicht bekannte Möglichkeiten der Luftbeweglichkeit und des Kampfes gegen Panzer aus der Luft.

Im Rahmen der Umgliederung des US-Heeres gemäß „Division '86 bzw. Corps '86" erhielten die Divisionen und die Korps in Deutschland je eine eigene Heeresfliegerbrigade für Transport- und Kampfaufgaben.

Heeresfliegerbrigade (Division)

„Combat Aviation Brigade" (CAB)

- Headquarters and headquarters company
- combat aviation company (15 UH-60)
- general support aviation company
- (6 UH-lH, 6 OH-58A, 6 OH-58C, 3 EH-60/EW)
- 2 attack helicopter battalions
- headquarters and headquarters company
  (1 OH-58, 3 UH-60)
  3 attack helicopter companies
  (6 AH-64, 4 OH-58D)
- armoured cavalry squadron

Insgesamt sind 50 Kampfhubschrauber, 48 Aufklärungshubschrauber, 30 Mehrzweckhubschrauber, 6 Beobachtungs- und 3 Hubschrauber für elektronische Kampfführung vorhanden.

Heeresfliegerbrigade (Korps)

„Corps Combat Aviation Brigade"

- Headquarters and headquarters company
- Combat aviation group:
  Headquarters and headquarters company
  General support aviation battalion
  (35 OH-58, 20 UH-1, 5 UH-21)
  Medium helicopter battalion
  (64 CH-47D, 4 UH-1)
  2 combat support aviation battalions
  (45 UH-60 each)
  2 attack helicopter groups:
  Headquarters and headquarters company
  3 attack helicopter battalions
  (18 AH-64, 13 OH-58, 3 UH-60 each)

Nach dem Golfkrieg wurden auch die Heeresfliegereinheiten in Deutschland reduziert. Die derzeitige genaue Gliederung wird ausführlich in Band 3 vorgestellt.

Transporthubschrauber Sikorsky UH-19 "Chickaasaw" der 7. US ARMEE.

Transporthubschrauber Sikorsky CH-37 "Mojave".

Transporthubschrauber CH-34 "Choctaw" mit einem Jeep als Außenlast.

Über viele Jahre hinweg „Arbeitspferd" der US-Heeresflieger - Transporthubschrauber CH-34 „Choctaw".

Verbindungshubschrauber Bell OH-13 „Sioux" der Infanteriedivision beim Betanken während der Übung „WINTERSHIELD II" im Januar 1961.

Bell OH-13 „Sioux" der 3. Panzerdivision startet von einem verschneiten Waldrand aus zu einem Erkundungsflug.

Heeres-Aufklärungsflugzeug OV-1A „Mohawk". Dieses mit 2 x 1500 PS-Propellerturbinen ausgerüstete Aufklärungsflugzeug der Heeresflieger wurde viele Jahre auf Korpsebene zur Aufklärung über dem Gefechtsfeld eingesetzt.

Verbindungshubschrauber OH-58 A „Kiowa" im Tiefflug während eines Herbstmanövers.

OH-58 C „Kiowa" - Aufklärungs- und Verbindungshubschrauber.

OH-58 C „Kiowa" auf dem Heeresflugplatz Büdingen des Panzeraufklärungsbataillons der 1. Panzerdivision.

Aufklärungshubschrauber OH-58 D „Kiowa".

Kampfhubschrauber AH-1 S „Huey Cobra".

AH-1 S „Huey Cobra" - abgestellt auf dem Army Airfield Büdingen.

Verbindungshubschrauber OH-58 C „Kiowa".

Der Aufklärungshubschrauber OH-58 D „Kiowa" ist mit einem Mastvisier ausgestattet und wird als „Scout" für Kampfhubschrauber eingesetzt.

OH-58 D „Kiowa" auf einem Feldflugplatz während eines Manövers - Gut zu erkennen ist das Mastvisier.

Aufklärungshubschrauber OH-58 D während einer Geräteausstellung anläßlich eines „Tages der offenen Tür" in Hanau-Erlensee.

OH-58 C „Kiowa" im Schwebeflug.

Großübung „REFORGER `90/ CENTURION SHIELD" - OH-58 C „Kiowa" startet zu einem Verbindungsflug.

Transporthubschrauber Bell UH-1 H.

Bell UH-1 H im Landeanflug.

Luftlandetruppen der US ARMY werden mit Bell UH-1 H angelandet.

Luftlandeübung mit Transporthubschraubern vom Typ Bell UH-1 H „Iroquois".

Transport/Mehrzweckhubschrauber UH-60 A „Black Hawk" mit Zusatztanks zur Erhöhung der Reichweite.

Die Transportstaffeln der US-Heeresflieger sind heute überwiegend mit UH-60 A „Black Hawk" ausgerüstet.

Elekronik-Aufklärungs- und ECM-Hubschrauber EH-60 B „Black Hawk". Man beachte die seitlich am Rumpf angebrachten Antennen.

Kampfhubschrauber Bell AH-1 G „Huey Cobra" der 3. Infanteriedivision startet zu einem Einsatz während eines Manövers.

Manöver „CARAVAN GUARD" im September 1989 - Kampfhubschrauber AH-1 S der 8. Infanteriedivision warten auf ihren Einsatz.

Einsatz über den Höhen des Westerwaldes AH-1 S „Huey Cobra" der 8. Infanteriedivision.

Eine gefährliche Waffe gegen Panzer - Kampfhubschrauber Bell AH-1 S „Huey Cobra" mit Panzerabwehrraketen TOW.

Kampfhubschrauber AH-1 S sowie Aufklärungshubschrauber OH-58 C während eines NATO-Manövers in Bayern.

AH-1 S „Huey Cobra" kurz vor dem Start zur Bekämpfung von „Feindpanzern" während eines Manövers. Gut zu erkennen ist die seitlich angebrachte Raketenbewaffnung sowie die am Bug befindliche Maschinenkanone.

Kampfhubschrauber AH-1 S „Huey Cobra" einer Staffel der 3. Panzerdivision.

AH-1 S „Huey Cobra" auf einem Feldflugplatz.

Die luftbeweglichen Aufklärungskompanien der US-Panzeraufklärungsbataillone sind derzeit noch mit AH-1 S ausgestattet.

Kampfhubschrauber Hughes AH-64 A „Apache" im Landeanflug.

Die Kampfhubschrauberbataillone der Korps und der Divisionen setzen seit 1987 AH-64 A „Apache" ein.

Kampfhubschrauber AH-64 A „Apache" während des Manövers „CENTURION SHIELD" im Januar 1990.

AH-64 A „Apache" landet auf einem Feldflugplatz während „CENTURION SHIELD `90".

Wartungsarbeiten an einem Kampfhubschrauber AH-64 A „Apache".

Zur Erhöhung der Reichweite kann der AH-64 A „Apache" mit Zusatztanks versehen werden.

Panzerabwehrraketen AGM-114 „Hellfire" sind Teil der Bewaffnung des AH-64 A „Apache".

Transporthubschrauber CH-47 D „Chinook" des 159th Aviation Battalion.

Einsatzbesprechung vor dem Start.

CH-47 D „Chinook" kurz vor dem Start während des Manövers „REFORGER `90".

Transporthubschrauber CH-47 D „Chinook" sind derzeit die größten Hubschrauber der US ARMY im Truppendienst.

CH-47 D „Chinook" helfen beim Brückenschlag durch Lufttransport von Brückenteilen einer Faltschwimmbrücke.

Gliederung der Divisionen

Im Verlauf der 50jährigen Geschichte der US ARMY in Deutschland hatten die hier stationierten Panzer- und Infanteriedivisionen eine sehr unterschiedliche Gliederung.

Von der Divisionsgliederung der vierziger Jahre bis zur heutigen „Division '86" war ein weiter Weg.

Die einzelnen Gliederungsformen sahen wie folgt aus:

PANZERDIVISION

Gliederung 1945

Stab

Stabskompanie

2x Stab / Stabskompanie Kampfgruppe

Stab / Reservekampfgruppe

Femmeldekompanie

Panzeraufklärungskompanie

3 Panzerbataillone

3 Panzerinfanteriebataillone

Stab / Stabsbatterie Divisionsartillerie

3 Artilleriebataillone

Pionierbataillon

Stab / Stabskompanie Divisionsnachschub

Nachschub / Instandsetzungsbataillon

Sanitätsbataillon

Militärpolizeizug

PANZERDIVISION

Gliederung 1954

Stab

Stabskompanie

Sanitätsabteilung

Stab / Stabskompanie Kampfgruppe (3x)

Fernmeldekompanie

Militärpolizeikompanie

Aufklärungsbataillon

3 Panzerinfanteriebataillone

Schweres Panzerbataillon (M 103)

3 Panzerbataillone (M 47)

Divisionsartillerie

Panzerpionierbataillon

Stab / Stabskompanie Divisionsnachschub

Instandsetzungsbataillon

Versorgungsbataillon

Sanitätsbataillon

Personalersatzkompanie

Musikkorps

PANZERDIVISION

Gliederung 1968

Stab

Stabskompanie

3 Brigadestäbe mit Stabskompanien

6 Panzerbataillone

5 mechanisierte Infanteriebataillone

Militärpolizeikompanie

Heeresfliegerbataillon

Pionierbataillon

Femmeldebataillon

Stab / Stabsbatterie Divisionsartillerie

Artilleriefliegerzug

3 Artilleriebataillone 155mm

schweres Artilleriebataillon 155mm / 203mm

Feldraketenwerferbataillon (Honest John)

Stab / Stabskompanie Versorgungstruppen

Verwaltungskompanie

Nachschub- / Transportbataillon

Sanitätsbataillon

Instandsetzungsbataillon

Musikkorps

PANZERDIVISION

Gliederung 1975

Stab

Stabskompanie

3 Brigadestäbe mit Stabskompanien

6 Panzerbataillone

5 mechanisierte Infanteriebataillone

Femmeldebataillon

Panzeraufklärungsbataillon

Pionierbataillon

Militärpolizeikompanie

Heeresfliegerstaffel

Stab / Stabsbatterie Divisionsartillerie

3 Panzerartilleriebataillone 155mm

Feldartilleriebataillon 203 mm

Raketenartilleriebataillon (Honest John)

Flugabwehrbataillon

Stab / Stabskompanie Divisionsversorgungskommando

Instandsetzungsbataillon

Versorgungs / Transportbataillon

Sanitätsbataillon

Verwaltungskompanie

Musikkorps

INFANTERIEDIVISION

Gliederung 1948

Stab

Stabskompanie

Sanitätsabteilung

Musikkorps

Fernmeldekompanie

Militärpolizeikompanie

Instandsetzungskompanie

Nachschubkompanie

Aufklärungskompanie

Personalersatzkompanie

3 Infanterieregimenter

Divisionsartillerie

Kampfpionierbataillon

Panzerbataillon

Sanitätsbataillon

INFANTERIEDIVISION (mechanisiert)

Gliederung 1968

Stab

Stabskompanie

3 Brigadestäbe mit Stabskompanien

3 (4) Panzerbataillone

7 (6) mechanisierte Infanteriebataillone

Militärpolizeikompanie

Heeresfliegerbataillon

Panzeraufklärungsbataillon

Pionierbataillon

Ferrmeldebataillon

Stab / Stabsbatterie Divisionartillerie

Artillieriefliegerzug

3 Artilleriebataillone 155mm

schweres Artilleriebataillon 155 / 203mm

Feldraketenwerferbataillon (Honest John)

Stab / Stabskompanie Versorgungstruppen

Verwaltungskompanie

Nachschub / Transportbataillon

Sanitätsbataillon

Instandsetzungsbataillon

Musikkorps

DIVISION '86
Panzer- bzw Mechanisierte Infanteriedivision

Gliederung 1987

Stab

Stabskompanie

3 Brigadestäbe mit je einer Stabskompanie

6 Panzerbataillone (Panzerdivision)

4 mechanisierte Infanteriebataillone (Panzerdivision)

oder

5 Panzerbataillone (Infanteriedivision)

5 mechanisierte Infanteriebataillone (Infanteriedivision)

Kampfhubschrauberbrigade

- Stab 1 Stabskompanie
- Hubschrauberbataillon
- Kampfhubschrauberbataillon
- Aufklärungsbataillon

Divisionsartillerie

- Stab 1 Stabsbatterie
- Beobachtungsbatterie
- 3 Panzerartilleriebataillone 155 mm
- Mehrfachraketenwerferbatterie

Panzerpionierbataillon

Flugabwehrbataillon

Fernmeldebataillon

Bataillon für Elektronische Kampfführung / Frontnachrichtendienst

ABC-Abwehrkompanie

Militärpolizeikompanie

Divisionsversorgungskommando

- Stab / Stabskompanie
- Luftfahrzeuginstandsetzungskompanie
- 4 Versorgungsbataillone

Verbandsabzeichen

1. Reihe
5. Korps, 8. Infanteriedivision, 4. Infanteriedivision

2. Reihe
3. Panzerdivision, 11. Panzeraufklärungsregiment

3. Reihe
41. Feldartilleriebrigade, 42. Feldartilleriebrigade, 12. Heeresfliegerbrigade

105

Verbandsabzeichen

1. Reihe
7. Korps, 3. Infanteriedivision

2. Reihe
1. Panzerdivision, 2. Panzerdivision

3. Reihe
17. Feldartilleriebrigade, 72. Feldartilleriebrigade, 210. Feldartilleriebrigade

107

Verbandsabzeichen

1. Reihe
1. Infanteriedivision, 2. Panzeraufklärungsregiment

2. Reihe
7. Pionierbrigade, 130. Pionierbrigade, 15. Militärpolizeibrigade

3. Reihe
2. Versorgungskommando, 3. Versorgungskommando, 4. Transportkommando

Verbandsabzeichen

1. Reihe
7.Armee, 32. Heeresflugabwehrkommando

2. Reihe
US ARMY Europa, Berlin-Brigade

3. Reihe
7. Fernmeldebrigade, 22. Fernmeldebrigade, 93. Fernmeldebrigade

111

QUELLENANGABEN

1. Abbildungen

Fotosammlung Peter Siebert, Eidengesäß

Archiv Walter Böhm, Steinau-Ulmbach

Archiv Siegfried Walter, Kassel

Archiv Heinz Leiwig, Mainz

Oliver Kroh, Köln

Gerd Schwiers, Fritzlar

Egon Merk, Wallerstein

US ARMY

Bundesministerium der Verteidigung / Bildstelle

STARS and STRIPES, Griesheim

Landesbildstelle Berlin

Deutsche Presse Agentur, Frankfurt

Military Photos and Reports / Peter Blume

2. Texte

Zeitschrift TRUPPENDIENST; Wien

TRUPPENDIENST-Taschenbuch „Die Armeen der NATO-Staaten", Wien

ÖMZ Österreichische Militärische Zeitschrift, Wien

USAREUR / 7th Army Headquarter, Military History, Heidelberg

US ARMY Military History Institute, Carlisle, USA

USAREUR / 7th Army, Pressestelle, Heidelberg

V. US CORPS, Pressestelle, Frankfurt bzw. Heidelberg

Leiwig, Finale 1945 Rhein-Main, Droste Verlag, Düsseldorf

FAZ, Frankfurter Allgemeine Zeitung, Frankfurt

Zeitschrift SOLDAT und TECHNIK, Bonn

Eigene Recherchen